REVUE

ARCHÉOLOGIQUE

PUBLIÉE SOUS LA DIRECTION

DE MM.

ALEX. BERTRAND ET G. PERROT

MEMBRES DE L'INSTITUT

DURAND-GRÉVILLE

DE LA COULEUR DU DÉCOR
DES VASES GRECS

PARIS
ERNEST LEROUX, ÉDITEUR
28, RUE BONAPARTE, 28

1892

N. B. — Tout ce qui est relatif à la rédaction doit être adressé à M. Alexandre Bertrand, de l'Institut, au Musée de Saint-Germain-en-Laye (Seine-et-Oise), ou à M. G. Perrot, de l'Institut, rue d'Ulm, 45, à Paris.

Les livres dont on désire qu'il soit rendu compte devront être déposés au bureau de la *Revue*, 28, rue Bonaparte, à Paris.

L'administration et le Bureau de la *REVUE ARCHÉOLOGIQUE* sont à la Librairie Ernest Leroux, 28, rue Bonaparte, Paris.

CONDITIONS DE L'ABONNEMENT

La *Revue Archéologique* paraît par fascicules mensuels de 64 à 80 pages grand in-8, qui forment à la fin de l'année deux volumes ornés de 24 planches et de nombreuses gravures intercalées dans le texte.

PRIX :

Pour Paris. Un an............	30 fr.	Pour les départements. Un an..	32 fr.
Un numéro mensuel............	3 fr.	Pour l'Étranger. Un an........	33 fr.

On s'abonne également chez tous les libraires des Départements et de l'Étranger.

DE LA

COULEUR DU DÉCOR DES VASES GRECS

DE LA

COULEUR DU DÉCOR DES VASES GRECS[1]

Résumons la première partie de notre étude :

La couleur noire, formée surtout d'oxydes magnétiques de fer, qui a constitué primitivement la plus grande partie du décor des vases grecs, est souvent devenue, par suroxydation dans l'air humide, jaune ou rouge sur certains points, parfois même jaune sur un côté du vase et rouge sur l'autre ;

Jamais le jaune ou le rouge, en revanche, ne se sont transformés en noir ;

Ces changements ne peuvent pas avoir été produits dans le four, soit avec soit malgré la volonté du potier ;

On reconnaît que des transformations de ce genre ont eu lieu toutes les fois que plusieurs nuances, passant du noir au jaune ou au rouge, sont mêlées irrégulièrement dans un décor.

Cette règle générale nous a permis de relever un certain nombre d'erreurs concernant des vases de différents styles compris entre les origines primitives et l'époque des vases à figures rouges. Nous allons essayer aujourd'hui de soumettre à la même enquête le décor sur couverte blanche et plus spécialement celui des vases dits de Locres.

Mais avant d'aborder ce sujet, faisons une excursion qui, en réalité, ne nous en écartera pas. Pendant une visite aux Archives de Maine-et-Loire, M. C. Port eut l'occasion de nous mettre sous les yeux le carton des chartes concernant la seigneurie de Che-

1. Voyez la *Revue archéologique* de juillet-août 1891.

millé. Ces chartes, dont un bon nombre remontent au XIe siècle, nous frappèrent uniquement au point de vue des transformations de la couleur de leur encre. Voici les notes que nous avons prises sur une douzaine d'entre elles :

Encre noire très bien conservée, avec des nuances de pourpre foncé ou de roux très foncé sur certains points ;

Encre noire conservée seulement dans les majuscules et dans quelques passages (charte très élégante de l'an 1002), l'ensemble étant d'un roux plus ou moins foncé ;

Reste de noir dans une partie d'une seule majuscule ; tout le texte devenu roux clair ;

Noir disparu, les parties les plus sombres du texte ne dépassant pas le brun roux ou le brun verdâtre, selon le cas ; le reste étant devenu, selon l'occasion, bistre pur, bistre roux, bistre verdâtre ;

Transformation plus avancée : il n'y a plus pour les majuscules comme pour le texte, qu'une seule teinte bistre clair, avec de légères nuances.

Nous avons gardé pour la fin deux chartes particulièrement intéressantes. Dans l'une, qui remonte à 1025 environ, les quinze premières lignes sont d'un brun très foncé ; puis, sans aucune transition, les deux dernières lignes du texte et les signatures sont d'un bistre roux pâle. Dans l'autre, qui est de 1082, la première moitié du texte est d'un noir parfaitement conservé ; puis, au beau milieu d'une ligne, des trois mots *presente ep(iscop)o Andegavensi* le premier est encore noir jusques et y compris le jambage de son dernier *e*, et, à partir de la boucle de cet *e* inclusivement, l'encre change tout d'un coup pour devenir bistre clair.

M. Port, avec sa grande habitude des vieux manuscrits, remarqua que cette lettre, qu'on pourrait appeler climatérique, avait été grattée en partie ; on peut donc reconstruire la scène : arrivé au mot *presente*, le scribe fait une faute d'orthographe ; il s'en aperçoit, dépose la plume de roseau et laisse sécher l'encre un temps plus ou moins long ; quand tout est bien sec, il opère un grattage et reprend son travail d'écrivain. Mais, pendant ces opérations, le livre ou l'encrier ont changé de place et il trempe la plume dans un autre encrier dont le liquide, en apparence tout à fait semblable au premier, était pourtant destiné à jaunir bien davantage par l'effet du temps.

L'éminent archiviste ne nous aurait probablement pas permis d'emporter ses chartes pour les soumettre à l'analyse chimique. Mais cette vérification est-elle vraiment nécessaire? Toutes les transformations énumérées ci-dessus s'expliquent sans peine si l'on admet que l'encre de ce temps-là était, comme celle d'aujourd'hui, la combinaison d'une décoction de noix de galle avec un oxyde de fer.

Nous avons d'ailleurs la preuve qu'un tel mélange était connu bien avant cette époque. Dans une brochure récemment parue, le docteur Farge prouve qu'Alexandre de Tralles (Lydie), célèbre médecin du VIe siècle de notre ère, est bien l'auteur d'un traité des Urines et des Fièvres, dont la paternité lui était contestée ; il cite incidemment un chapitre *Ad capillos tingendos* « par la noix de galle » — chapitre déjà connu, mais incomplètement reproduit avant lui — du précieux manuscrit latin du Xe siècle que possède la Bibliothèque d'Angers, et qui semble être la plus ancienne et la plus fidèle traduction du texte grec.

Voici le passage que nous avons relevé sur le manuscrit :

ITEM AD NIGROS CAPILLOS FACIENDOS PROBATVM. — *Gallis asianis, agacia, squama ferri, calcanto, stipteria, equalia pondera accipiens infundens in urina puerili, id est, qui adhuc non potest misceri mulieri, una die, et sic ex eo miscens omnia, capillos perungens et ligato superposito linteo capiti in diebus tribus.*

Ce qui signifie : noix de galle, acacia, rognures de fer, couperose bleue (χάλκανθον), tige de fougère, etc. Nous avons quelques doutes sur le mot *agacia*; quant à *stipteria*, il nous paraît très probable que le mot est formé de *stipes pteris*; mais pour le reste, le sens est clair. Le mélange dont Alexandre de Tralles teignait les cheveux de ses royaux clients était, dans ses éléments essentiels, de l'encre à écrire.

Le processus par lequel l'encre devient rousse ou jaune n'est pas identique à celui qui transforme le décor noir des vases. Comme plusieurs savants, et non des moindres, ont bien voulu nous promettre de consulter leurs collègues chimistes sur l'explication que nous avons donnée de certains faits dans notre précédent article, il est nécessaire que leurs conseillers ne puissent trouver aucune cause de malentendu dans nos explications théoriques fondées sur la chimie élémentaire.

On fabrique aujourd'hui encore l'encre en mêlant dans une proportion convenable une décoction de noix de galle et une solution de couperose verte ou sulfate de *protoxyde* de fer, avec une légère adjonction de couperose bleue. Le résultat chimique du mélange est d'abord un tannogallate de protoxyde de fer. Dans cet état, l'encre obtenue est plutôt violet foncé que noire; mais si on la laisse pendant deux ou trois jours exposée à l'air, elle absorbe de l'oxygène; son protoxyde de fer se transforme en peroxyde (rouille, ocre jaune, ocre rouge, colcothar rouge); le tannogallate de peroxyde de fer ainsi obtenu est d'un noir intense et constitue l'encre double.

En résumé, l'encre est composée essentiellement d'un corps jaune ou rouge (selon son état moléculaire) devenu noir par sa combinaison avec deux acides organiques. Mais on sait que les corps organiques sont facilement décomposables par toute espèce d'agents, la lumière, l'air, l'humidité, les champignons microscopiques; l'encre est donc un composé instable. Au bout d'un temps qui peut varier entre plusieurs années et plusieurs siècles, les deux acides de l'encre disparaissent, en partie ou complètement. Le jour où il n'y a plus d'acide en elle, l'encre a fini de pâlir; elle est devenue un simple peroxyde de fer en une couche plus ou moins épaisse, qui pourra être tantôt brun clair, tantôt rousse, tantôt jaune.

Voilà, croyons-nous, la transformation suffisamment expliquée. Maintenant, faisons une histoire fantaisiste : supposons qu'à partir du commencement du XIIe siècle, l'encre tirée de la noix de galle et du fer cesse d'être en usage, qu'elle soit remplacée par une encre d'or ou tout autre liquide inaltérable. Qu'arrivera-t-il? Après de longs siècles d'obscurité dans les cloîtres, les manuscrits antérieurs au XIIe siècle reparaîtront. Les paléographes les étudieront avec une vive curiosité, avec une grande science ; mais ne se doutant pas que l'encre puisse changer de couleur, ils auront parfaitement le droit de s'imaginer que les encres du bon vieux temps étaient de couleurs très diverses, souvent plus ou moins jaunes, brunes, rousses, et que les scribes de cette époque, ne tenant aucun compte de ces différences, puisaient indifféremment à divers encriers pour écrire une seule charte. Ils pourront même se persuader que les scribes mettaient à ces mélanges de nuances une certaine coquetterie, réservant parfois pour les majuscules l'encre plus foncée... Là-dessus, arrivent les progrès de la chimie, on découvre les propriétés du tannogallate de fer; en même temps, les paléographes retrouvent dans de très anciens manuscrits la formule de l'encre jadis en usage : la question s'éclaircit enfin et l'idée des transformations naturelles finit par entrer dans tous les esprits. Personne ne peut plus douter qu'un texte jaune clair ou bistre d'un bout à l'autre ait été primitivement noir.

Notre petit roman est une pure fantaisie en ce qui concerne les vieilles chartes. Mais si, à la place du mot « manuscrits » on mettait les mots « vases grecs », la fantaisie, à notre avis, deviendrait réalité. Elle le deviendrait plus encore si l'on parlait des vases à couverte blanche ; en particulier des vases dits de Locres.

Ce n'est pas, nous l'avons dit, qu'il y ait identité absolue. Dans le décor des vases le pigment est formé d'un oxyde magnétique de fer un peu plus chargé d'oxygène que le protoxyde. Ce corps est noir. Il est inattaquable, à la température ordinaire, par l'eau privée d'air et par l'air privé d'eau. Mais en présence de l'air humide, il absorbe lentement de l'oxygène ; il se « rouille », comme le ferait du fer dans les mêmes conditions, et se transforme peu à peu en un peroxyde de fer qui peut prendre, selon le cas, toutes les nuances comprises entre l'ocre jaune et la sanguine. En somme la marche des phénomènes chimiques est différente de ce qui se passe dans les manuscrits, mais le résultat est identique.

Ce que nous avons constaté précédemment pour plusieurs classes de vases grecs, un examen attentif va nous le faire voir de nouveau pour certaines classes de vases à couverte blanche ou jaunâtre — les lécythes attiques blancs étant mis toutefois de côté aujourd'hui, afin que la question reste aussi simple que possible.

Les premiers vases à couverte blanche qui aient attiré notre attention à ce point de vue sont deux bouteilles à base circulaire très large, à panse très peu élevée, avec un goulot très long et une seule anse, qui se trouvaient au Louvre dans les vitrines centrales de la 2e salle des Antiquités comparées. Dans leur décor assez simple de filets circulaires et de guirlandes, la couleur était un mélange d'un noir très noir et d'un jaune très vif qui allait jusqu'au jaune serin.

Il fallait y regarder à plusieurs fois et avoir l'esprit éclairé par des constatations analogues, pour se persuader qu'on avait sous les yeux des transformations du noir. Les filets nous servirent de fils conducteurs ; noirs sur une portion plus ou moins petite de leur circonférence, ils passaient insensiblement au brun foncé, au brun jaune, au jaune foncé, au jaune clair, pour devenir d'un jaune éclatant à l'autre extrémité du diamètre.

La tâche était plus difficile avec les guirlandes, où le jaune affectait, par endroits, des formes nettement dessinées. On pouvait néanmoins se rendre parfaitement compte, en examinant tous les points du décor, que la seule couleur employée sur la couverte blanche de ces bouteilles était le noir, tantôt délayé, en couche très mince, tantôt en couche plus épaisse, avec un relief léger, mais visible, comme les empâtements de nos gouaches modernes. Tout s'expliquait une fois de plus par les différences d'épaisseur du vernis, grâce auxquelles certaines régions étaient plus accessibles que d'autres à l'action de l'oxygène.

Huit vases semblables, exposés dans une autre salle du Louvre, nous ont permis de nous faire là-dessus une conviction absolue. Plusieurs d'entre eux, regardés isolément, sans le contrôle des autres, prêteraient peut-être à discussion ; mais ensemble, ils sont d'une éloquence irrésistible. Voici l'indication de leur état actuel :

N°s 142 et 143 ; dans les deux vases, charmante guirlande circulaire avec *tous* les passages du noir au jaune vif et au jaune très pâle ;

N° 145, guirlande de feuilles de lierre d'un style un peu mesquin ; feuilles noires avec traces de jaune ; tiges jaunes avec très peu de noir ;

N°s 147 et 148, guirlande, nœud de rubans et groupe d'instruments de musique : plus de jaune que de noir ;

N° 146, les instruments et la guirlande presque entièrement jaunes ; le plus large filet circulaire de la panse resté noir ; un autre, plus étroit, devenu jaune, mais avec restes de noir sur une petite longueur d'arc ;

N° 141, tout à fait jaune terne, sans aucun vestige de noir, mais avec des restes de brun dans *un* seul ornement.

Ces bouteilles sont d'origine africaine et d'une époque extrêmement basse. Leur état présent est un nouvel argument contre la théorie d'après laquelle les céramistes auraient obtenu le jaune avec du noir par la cuisson. Pendant que les caprices de la mode transformaient incessamment le décor; pendant que, de demi-siècle en demi-siècle, les céramistes de toutes les parties de la Grèce, des îles, des colonies, s'efforçaient de réveiller par des trouvailles nouvelles de formes et de couleurs la curiosité de leurs clients, une seule chose — la tentative d'obtenir indirectement du jaune — serait donc restée immuable à travers une très longue série de siècles, de techniques, d'états de civilisation, d'influences étrangères, de colonisations dans les climats les plus divers? Cela est-il vraisemblable?

L'hypothèse, d'ailleurs, est d'autant plus difficile à soutenir, que la couleur jaune a été connue très anciennement. Les potiers corinthiens du VIe siècle mettaient un fond jaune clair à leurs

*

grands cratères (voir celui du *Repas d'Hercule* au Louvre); les architectes de la même époque échantillonnaient de jaune vif les cimaises et les corniches en terre cuite du trésor de Gela, à Olympie ; enfin, après le milieu du IVe siècle, on trouve *à la fois*, sur le même vase, des jaunes dérivés du noir et des jaunes parfaitement primitifs. Les vases de style décadent sont assez nombreux dans tous les musées pour que l'on puisse faire sans peine cette constatation. Est-il admissible que les potiers aient employé un procédé indirect et malcommode pour obtenir une couleur qu'ils avaient sous la main? La question, posée dans ces termes, est résolue.

La couverte blanche semble d'ailleurs favoriser l'oxydation du trait noir dont on l'a ornée. Pour voir la différence des résultats, il suffit d'examiner, au Louvre et partout ailleurs, certains vases d'origine relativement récente où se trouvent réunies, côte à côte, des figures blanches et des figures rouges. Dans celles-ci, les traits intérieurs sont souvent bien conservés, tandis que dans celles-là ils ont souvent tourné au jaune, avec des témoins de noir. Il faut supposer que la couverte blanche, plus poreuse, offre plus de facilités à la pénétration de l'air ; en outre, sa couleur claire agit par transparence sur les bruns et les jaunes, pour les éclaircir et les rendre éclatants, comme fait le blanc du papier pour les couleurs d'aquarelle.

C'est cette double action qui explique pourquoi, dans le vase François, par exemple, les traits noirs de l'intérieur des parties blanches ont tourné au brun.

Dans la coupe d'Arcésilas[1], toutes les parties exécutées d'après le système des figures noires sont à peu près intactes ; le reste — traits nombreux des cordages, quadrillé des couffes à claire-voie, sylphium dessiné d'un trait léger — a franchement tourné au brun et au bistre foncé.

Les coupes à fond blanc offrent naturellement les mêmes

1. Cabinet des médailles, n° 4899. — Rayet et Collignon, *Hist. de la céram. grecque*, fig. 43.

transformations. Le Louvre possède une grande et belle coupe à deux anses (salle des Vases grecs à figures rouges trouvés en Italie, nº 972) représentant un des exploits d'Hercule, dans lequel le héros égorge un personnage qu'il a renversé sur un lit. Le dessin, d'un beau style à la Phidias, est au trait, sauf les chevelures, quelques ornements du lit et les raies noires des coussins. La draperie qui enveloppe les jambes de la victime est fort retouchée; elle a été d'un pourpre très clair employé quelquefois à cette époque et même un peu avant, dans les parties pleines des sujets au trait sur fond blanc.

Bien entendu, le trait était primitivement d'un beau noir, mais il a jauni en beaucoup de points, et même çà et là jusqu'au jaune d'or. Les transitions en sont la preuve. Pendant que le pied gauche de la victime est devenu tout jaune, son pied droit est resté noir avec des parties plus ou moins jaunies. Dans le lécythe suspendu à gauche et en haut de la composition, un tiers environ du trait est encore noir, les deux autres tiers ayant tourné au jaune. La chevelure du héros, très frisée, presque crépue, était faite d'une teinte noire légère sur laquelle les mèches, roulées en forme d'escargots, formaient de petits empâtements. Les mèches, à cause de leur épaisseur, sont restées noires, tandis que le fond noir léger, ne pouvant pas résister à l'action de l'air humide, est devenu d'un jaune bois. La chevelure de la victime était en longues mèches isolées, d'un noir peu épais, qui ont tourné au brun assez clair, mais en gardant comme témoins quelques parties noires. Le fond de sa chevelure est, du reste, devenu aussi jaune bois.

Dans le bras droit, le trait a tourné au jaune, mais avec beaucoup de restes de noir. La grecque du chevet du lit est restée noire par parties et devenue sur certains points d'un jaune rosé, selon le hasard des épaisseurs des coups de pinceau. Près du lécythe on voit, suspendu à un clou, un manteau dont tous les plis sont maintenant d'un jaune doré; mais le bas du manteau était bordé d'un liseré plus épais, qui est resté noir, et d'une ligne de petits points noirs devenus brun clair.

Cet exemple nous permet presque à coup sûr — sauf vérification, cela va sans dire — de porter un jugement sur l'état primitif du trait d'une coupe d'Euphronios [1], à fond blanc, que nous avons peut-être vue dans une de nos anciennes promenades au Musée de Berlin, mais à une époque où les questions de technique n'avaient pas encore éveillé notre attention. Nous empruntons à l'excellent ouvrage de Rayet et Collignon [2] la description suivante du sujet central de cette coupe :

« Une jeune fille en costume athénien, vêtue d'un himation et d'une fine tunique attachée sur les bras par des agrafes dorées, se tient debout devant un jeune homme assis sur un *ocladias*. L'himation de la jeune fille et celui de son compagnon sont recouverts d'un ton brun que rehausse l'or des bordures; tandis que les figures sont dessinées au trait noir, les détails sont repris à l'aide d'une couleur jaune doré, qui a aussi servi à peindre les dessous de la chevelure dans les deux personnages... De cet assemblage de tons, emprunté à la même gamme, résulte une harmonie sévère... »

N'est-il pas très probable que les « dessous » des chevelures et les détails « repris à l'aide d'un jaune doré » ont été noirs jadis, comme les parties similaires de la coupe du Louvre?

On doit éviter autant que possible de parler, même avec réserve, des monuments qu'on n'a pas eus sous les yeux. Qu'il nous soit cependant permis de faire encore une exception pour ceux dont parle Fr. Lenormant dans un article de la *Gazette archéologique* de 1883, intitulé : *Peintures antiques découvertes à la Farnésine*.

Les deux petits tableaux peints, au trait principalement, sur fond blanc, qu'il a reproduits, planches XV et XVI, représentent, le premier un *Hercule* au trait rouge, ou plutôt brun rouge; le second une *Fileuse* assise en profil, qu'il décrit comme suit : « Le trait en est exécuté en bistre, les cheveux colorés en blanc; une teinte violacée légère est étendue à plat sur les vêtements. »

1. Gerhard, *Trinkschaien und Gefässe*, pl. XIV.
2. *L. c.*, p. 220.

L'auteur se trompe en disant que les cheveux de la fileuse sont colorés en blanc : la planche XV les montre de la même couleur bistre que le trait, mais couverts, à partir du chignon, d'un long voile blanc. Nous croyons qu'il se trompe aussi en considérant comme primitifs le brun rouge et le bistre de ces deux figures. Cela est d'autant plus probable, que — lui-même nous l'apprend — d'autres sujets, dans les peintures à fond blanc trouvées au même endroit, sont exécutés au trait noir. Rien ne serait plus facile à vérifier : il suffirait de voir si le trait brun rouge de l'*Hercule* et le trait bistre ou les cheveux de la *Fileuse* ne gardent pas des témoins de noir[1].

Les lécythes dits du style de Locres, sans être séparés des lécythes blancs par une ligne de démarcation bien nette, forment pourtant un groupe assez distinct, composé soit de lécythes sans couverte, soit de lécythes dont la couverte n'est pas blanche et peut varier du blanc jaunâtre ou gris jaunâtre, au gris rosâtre et même au gris bistré.

Les deux collections du Louvre et du Cabinet des médailles sont assez bien fournies d'ouvrages de cette catégorie pour permettre d'en faire une étude dont les conclusions soient nettes et suffisamment motivées au point de vue des transformations du décor. Nous allons passer en revue les principaux spécimens de ces deux collections, à partir des vases dont le décor est resté intact.

Comme on pouvait s'y attendre, ceux dont la couleur n'a pas tourné au jaune sont dans le système des figures noires (avec ou sans retouches rouges), où les masses de couleur, plus larges, ont mieux résisté à l'oxydation.

Tel est le cas pour un lécythe à fond jaunâtre (Louvre, salle des Vases grecs à figures noires trouvés en Italie, armoire O, sans n°) représentant dans sa peinture centrale, sur un char traîné

1. Un texte de Pline (*Hist. nat.*, XXXV, 32) vient encore à l'appui de notre opinion : « C'est avec quatre couleurs seulement, le milinum, le sil attique pour les jaunes, la sinopis du Pont pour les rouges et l'atramentum pour les noirs qu'Apelle, Echion, Melanthius, Nicomachus ont exécuté leurs œuvres immortelles. »

par quatre chevaux, un homme d'un rouge vineux, accompagné d'un homme noir; et pour un autre (même salle, vitrine centrale, n° 32) dont le sujet est une femme s'approchant d'une fontaine à tête de lion.

Dans la salle des Céramiques grecques trouvées en Grèce, le lécythe n° 30, à figures d'un seul ton noir et à incisions, représente un cavalier casqué et cuirassé, tenant deux lances; plus à droite, un bouclier, puis un homme à pied. Ce vase a été gâté par un long séjour dans l'eau, comme le prouvent ses incrustations de calcaire. Or, on sait que l'eau ne peut dissoudre que des traces insignifiantes de calcaire à moins de contenir de l'acide carbonique en dissolution : le lécythe était donc plongé dans un milieu sans oxygène, ce qui explique la parfaite conservation de son noir. Il a dû nécessairement exister des tombes de ce genre, avec et même sans eau, — analogues à la fameuse *grotte du Chien*, — et dont les vases auront tous conservé leur décor.

Au Cabinet des médailles deux lécythes sont restés très noirs : le premier (XXe groupe de vitrines, section 7, n° 4776) représente, près d'un arbre noir, deux longues figures de femmes dont l'une porte un enfant qui tire de l'arc; le second (même vitrine, mais sans n°) a pour sujet quatre figures debout, noires, à incisions, d'un groupement très décoratif et d'une exécution faussement archaïque.

Jusqu'ici, la conservation du décor est à peu près parfaite. Mais la perfection est rare en ce monde : même dans les lécythes à figures noires, il y a parfois des transformations énormes. Mettons à leur rang ceux que l'oxygène n'a que légèrement entamés.

Au Louvre (Cér. gr. tr. en Gr.) le lécythe n° 28 montre, en figures noires avec retouches rouges et incisions, deux hommes debout devant un sphynx, appuyés chacun sur un bâton noir qui commence à jaunir. Dans la même salle, n° 38, on voit tourner au brun et au bistre les guides et les cornes des cerfs de l'attelage d'*Artémis*, le reste du sujet étant d'un beau noir de vernis, avec incisions.

Les jambes des chevaux et beaucoup d'autres fins détails ont subi des atteintes semblables dans le lécythe n° 40 (même salle, armoire E), représentant un char à quatre chevaux et divers personnages mythiques. La bride et les jambes du cheval d'un autre lécythe à figures noires incisées (même armoire, n° 39), qui a pour sujet un jeune éphèbe d'un beau dessin, tenant un cheval par la bride, et une Victoire volant, ont aussi tourné sérieusement au bistre.

Voici des vases où se trouvent, sur certains points, des traits encore plus fins.

Le lécythe n° 726 du Cabinet des médailles[1] représente un guerrier blessé, en silhouette noire sauf le casque et le bouclier, qui sont dessinés d'un trait fin et très noir, devenu brun et même presque jaune dans quelques petites parties plus légères, telles que les courroies du bouclier.

Dans l'*Hercule étouffant un lion* (Louvre, Cér. gr. tr. en Gr., arm. E, n° 31) la massue est en silhouette noire, le lion aussi, sauf sa langue, qui est d'un rouge lie-de-vin. Certaines parties en noir plein commencent à tourner au jaunâtre et au roussâtre; mais dans la figure d'Hercule entièrement dessinée au trait avec du vernis noir, la transformation en jaune clair est complète pour les traits intérieurs les plus fins, par exemple ceux qui indiquent les muscles des jambes.

On pourra objecter que, dans ce dernier vase, la distinction entre les traits noirs et les traits jaunis est très nette et semble ne pas tenir au pur hasard; mais en réalité, la loi générale subsiste, car les seules parties du décor qui aient jauni sont les traits les plus fins.

Le hasard ici consiste dans ce fait, qu'il n'y a dans la composition aucun autre point où les traits fins aient été nécessaires. Rappelons-nous que dans le *Massacre des Priamides* de la coupe de Brygos du Louvre, par exemple, ce n'est pas seulement les muscles intérieurs qui ont jauni, mais encore une foule de menus

1. E. Pottier, *Les lécythes du Cab. des méd.*, *Gaz. arch.*, 1885, p. 283, n° 13. — De Luynes, *Descr. des vases peints*, pl. 16.

traits, plis de vêtements, courroies de boucliers, sang de blessures, chevelures même.

Nous avons, du reste, trouvé le même cas dans les vieilles chartes. Presque toujours, dans une seule page de parchemin, il y a des gradations de teinte si peu sensibles, qu'on est bien obligé d'accepter l'évidence du fait d'une même encre inégalement décomposée. Mais, à propos des deux dernières chartes citées plus haut, celles où la couleur de l'encre change brusquement au milieu d'une phrase, si quelqu'un refusait de se contenter de l'explication ordinaire et prétendait que le scribe a volontairement écrit une partie de la page avec une encre bistre, quelle preuve décisive aurait-on à lui opposer? Aucune autre que l'analogie, la vraisemblance. Il pourrait toujours dire : — Vous me citez des cas nombreux qui portent avec eux leur preuve; mais ici, il n'y a que deux couleurs tranchées : où sont les transitions révélatrices?

Dans la question des vases grecs, l'hypothèse d'une couleur claire, brune ou jaune, simple délayage du noir, employée tantôt pour traduire des plis très fins, tantôt, dans des lignes plus épaisses, pour « introduire la variété et la richesse dans le décor » est certainement beaucoup plus acceptable *a priori* que dans le cas bien élucidé des vieux manucrits. Elle l'était surtout, à notre avis, tant que la chimie n'avait pas apporté à la question son contingent de faits et d'arguments. Aujourd'hui, les archéologues qui auront décidément admis le fait général des oxydations lentes devront considérer cette hypothèse de la couleur jaune comme superflue, surtout s'ils ont remarqué que, dans les lécythes dont nous parlons, les jaunes produits par l'oxydation et ceux qui seraient le résultat d'un simple délayage sont exactement de la même teinte, ici plus claire, là plus foncée.

Nous continuons à écarter le soi-disant « coup de feu trop fort » aussi bien que l'introduction volontaire, dans le four, de la juste dose d'air capable de faire jaunir les traits noirs qu'on aurait exécutés d'avance plus légers à cet effet. Ainsi que nous l'avons exposé plus longuement, la première de ces explications suppose des potiers grecs plus maladroits que les sauvages péruviens ou les montagnards kabyles; la seconde, au contraire, leur prête une habileté technique dont les plus savants céramistes de notre temps seraient incapables.

Le lécythe suivant va d'ailleurs nous faire prendre, pour ainsi dire, sur le fait le passage du noir au jaune pâle dans les traits les plus fins. C'est le tout petit lécythe aryballisque n° 738 du Cabinet des médailles[1], dont le sujet représente une femme courant vers la droite, la tête tournée en arrière, avec une torche dans la main gauche portée en avant et une phiale dans la droite tendue en arrière. Toute la figure — sauf la coiffure en vernis noir plein avec une bandelette réservée — est dessinée d'un trait noir et brillant. Mais tous les plis intérieurs, sans exception, sont d'une couleur générale jaune claire.

Faut-il croire, ici encore, que le peintre ait exécuté ces plis avec de l'encre noire délayée jusqu'au jaune pâle? Examinons à la loupe les traits jaunes de ce petit lécythe. Ils sont jaunes, en effet, sur presque toute leur longueur. Mais toutes les fois, sans exception, qu'ils croisent un autre trait, même jaune, ils redeviennent noirs — non pas brun foncé, ni brun très foncé, mais noirs — sur une longueur de quelques fractions de millimètre. Le petit amas de couleur noire formé par le simple croisement de deux traits s'est trouvé assez épais pour résister à l'oxydation.

Un croisement n'est même pas toujours nécessaire : parfois, en terminant un trait, l'artiste a pesé un peu plus fort sur le pinceau, ou bien la capillarité a retenu sur la surface du vase une minuscule goutte de couleur au moment où le pinceau se relevait, ou bien encore, le vase étant tenu dans une position voisine de la verticale, la couleur a pu devenir plus épaisse dans le bas du trait. Quelle qu'en soit l'explication, le fait positif est que certains traits jaunis ont conservé la couleur noire à une de leurs extrémités, quelquefois aux deux extrémités, dans les plis serrés de la manche et de la tunique.

1. E. Pottier, *l. c.*, n° 14.

Le céramiste grec, — dans les vases du style de Locres, — avait parfaitement l'intention de mettre une différence entre deux espèces de traits, les uns plus fermes, formant le dessin du nu et des grands plis, les autres légers, indiquant une étoffe plissée menu. Il n'indiquait pas cette différence par une moindre largeur des traits des petits plis; il la marquait par *deux noirs* particuliers, l'un brillant comme du vernis et formant un relief sur le vase, ce qui prouve qu'il était posé à l'état presque pâteux; l'autre encore noir, mais plus délayé et plus mat. La différence existait juste assez pour être nettement visible et pour traduire l'intention du peintre. Elle se retrouve en plusieurs points dans le lécythe que nous venons d'étudier.

Voici maintenant un vase bien connu, signalé par M. Furtwaengler [1] dès 1880 avant son entrée au Louvre (Cér. gr. tr. en Gr., arm. E. n° 33), qui a pour sujet une Muse jouant de la lyre. Sauf les bandeaux et quelques accessoires en larges masses, la figure est au simple trait noir. La coiffure qui lui enveloppe la tête est ornée de losanges au trait noir assez épais, dont le ton a tourné inégalement au brun ou au bistre. Deux groupes de trois fils fins, qui pendent derrière le chignon, sont devenus complètement jaunes, tandis que les petites boules, plus chargées de couleurs, qui terminent les fils, sont restées noires.

La transformation est un peu plus avancée dans le lécythe [2] de Locres n° 11 du Cabinet des médailles, dont le fond bistre pâle, étendu sur l'argile rouge, a pour peinture centrale *Artémis* vêtue d'une tunique talaire à plis nombreux et à manches larges descendant jusqu'au coude, avec manteau par-dessus. Artémis vient de lancer une flèche de l'arc qu'elle tient au bout du bras gauche allongé, pendant que sa main droite se relève sur l'épaule pour prendre une autre flèche dans son carquois. Une biche, dont le train de derrière est caché par les draperies, galope en retour-

1. Furtwaengler, *Weisse attische Lekytos*, *Arch. Zeit.*, 1880. — Reproduit dans Rayet et Collignon, *l. c.*, pl. X, et dans Dumont et Chaplain, *Cér. de la Grèce propre*, pl. XI.

2. E. Pottier, *l. c.*, n° 16, pl. 32, n° 3.

nant la tête vers la déesse. Celle-ci est dessinée d'un trait noir très pur et très net, avec quelques touches larges dans le liseré du bas du manteau, touches qui commencent à tourner nettement au brun par les bords. Le pelage de la biche est d'un bistre plus ou moins foncé avec des témoins de noir. Mais les plis de la manche méritent un examen sérieux. La première fois que nous les avons vus, dans une vitrine, par un jour peu clair, ils nous ont fait l'effet d'une teinte plate, tant ils étaient légers. Quelque temps après, par un jour de soleil, nous avons aperçu nettement leurs petites lignes parallèles, d'un jaune extrêmement clair. En les regardant à la loupe, nous avons pu nous convaincre qu'ils avaient été primitivement noirs, car, aujourd'hui encore, une dizaine de bouts de traits sont noirs sur une longueur de quelques fractions de millimètre.

Ce vase n° 11 du Cabinet des médailles est encore intéressant à un autre point de vue, purement technique.

A propos des enduits blanc et noir posés sur les lécythes, M. E. Pottier[1] dit : « J'ai cru remarquer un procédé particulier qui consisterait à étendre la couleur pendant que le vase est mis en mouvement sur un tour... Une particularité m'a suggéré cette hypothèse : c'est qu'au bas de la panse on remarque souvent un interstice régulier, circulaire, entre l'enduit blanc et l'enduit noir. Si les couleurs étaient appliquées avec le pinceau en le maniant de haut en bas sur le vase immobile, l'interstice n'aurait pas cette forme régulière; il formerait une série de dentelures. On comprend au contraire que, le vase tournant avec rapidité, le bout du pinceau ne s'applique pas avec assez de précision pour former exactement le joint de l'enduit blanc et de l'enduit noir. »

Et plus loin, à propos de la pose des couleurs :

« Le peintre trace pour ainsi dire le cadre de son tableau au moyen de deux traits fins, placés au sommet de la panse et la base. Ce double trait est parfaitement net et tracé sans hésitation sur tout le pourtour de la panse; il paraît difficile que,

1. E. Pottier, *Étude sur les lécythes blancs attiques...*, p. 95.

sans procédé mécanique, on puisse déterminer une circonférence aussi exacte et je pense que, là encore, l'emploi du tour est aisément reconnaissable. »

La remarque du savant archéologue avait pour elle toutes les certitudes, toutes les évidences logiques : le vase n° 11 lui apporte, pour ainsi dire, une certitude matérielle. En effet, au haut de la panse de ce vase, le méandre noir est tracé entre deux filets circulaires, comme cela se voit ordinairement; mais ici les deux traits ne sont pas parallèles, on dirait qu'ils sont les intersections du cylindre de la panse par deux plans, l'un perpendiculaire à l'axe du cylindre, l'autre légèrement oblique par rapport au même axe.

L'explication du fait est simple. Au moment où le trait supérieur fut tracé, le vase tournait autour de l'axe vertical du tour; mais, avant l'exécution du second filet, par suite de quelque secousse, le lécythe devint un peu oblique; quand il reprit son mouvement, son axe décrivit un cône très aigu autour de la verticale, absolument comme une toupie qui « dort », et le pinceau, tenu fixe dans une position horizontale, devait nécessairement tracer une courbe régulière, mais oblique.

La même absence de parallélisme entre deux filets se retrouve dans le lécythe blanc n° 81 du Cabinet des médailles (salle Opermann) dont nous n'avons pas à nous occuper autrement aujourd'hui, vu la couleur de sa couverte.

Notons, en passant, comme supplément de preuve, que, dans d'autres cas, l'artiste n'ayant pas tenu immobile la pointe de son pinceau, certains filets sont ondulés. Il arrive aussi que des filets sont irréguliers pour une autre cause : non seulement la pointe du pinceau n'est pas restée immobile, mais le vase a fait un tour et demi sur son axe avant que le pinceau chargé de couleur ne fût retiré, et cela a donné des fragments de spirale au lieu de circonférences. Voir, entre autres vases, les n°s 41 et 738 du Cabinet des médailles, salle Opermann.

Des remarques techniques de ce genre ont leur importance. Celle que M. Pottier a faite lui a permis de relever l'erreur d'un maître à peu près impeccable, M. Dumont, qui, dans une pyxis athénienne du Louvre, avait cru pouvoir considérer comme des repères tracés par le peintre certaines lignes fines qui provenaient simplement du polissage du vase tournant autour de l'axe du tour.

Dans l'ordre choisi pour présenter ou rappeler au lecteur les vases de Locres du Louvre et du Cabinet des médailles, le seul élément dont nous tenions compte est la progression régulièrement croissante des parties jaunies du trait. Continuons la série.

Dans le lécythe aryballisque[1] du Cabinet des médailles, n° 82, le sujet central représente deux femmes se faisant face, dont l'une tend les deux bras et porte une bandelette, tandis que l'autre replie le bras gauche sur sa poitrine et tient dans la main droite abaissée un cordon qui porte un alabastre. Le trait des deux figures est devenu d'un jaune plus ou moins brun, avec des témoins noirs.

Les hasards de la progression du jaune ramènent ici un lécythe à figures noires, le n° 4983 du Cabinet des médailles. C'est dans les vases très anciens, très primitifs, que nous avons principalement trouvé jusqu'ici la transformation complète, en brun ou en rouge, d'un décor à larges masses. Le fait se présente plus rarement à partir de l'âge des figures noires, sans doute parce que les potiers ont appris à mêler à leurs couleurs une petite dose d'une substance — silicate de soude — faisant l'effet du vernis; mais la transformation plus ou moins complète s'y présente néanmoins quelquefois. Le lécythe n° 4983 est remarquable à ce point de vue : tout son décor — char à quatre chevaux avec trois figures, grecque, filets, vernis du bas de la panse, languettes très simples de l'épaule, — est devenu d'un ton jaune roux terne, qui approche du ton de certaines gourdes sèches. Mais, çà et là, on rencontre des restes non équivoques de noir.

Ainsi donc, en suivant pas à pas les diverses étapes de transformation du décor des lécythes du style de Locres, nous avons cherché en vain le point de la série où le céramiste aurait cessé

1. E. Pottier, *l. c.*, n° 15.

de désirer du noir et commencé à préférer du jaune. Ce point n'existe pas. La suroxydation s'est faite dans les tombes, plus ou moins complète, selon les circonstances, et la présence de témoins noirs dans tous les vases sans exception nous permet de conclure :

Tous les vases du style de Locres ont eu primitivement leur sujet dessiné au trait noir; il faudra faire disparaître des catalogues, à propos des descriptions de ces vases, des expressions comme celles-ci : « trait noir avec touches brunes, jaunes; trait brun, jaune, rehaussé de noir ».

Débarrassée de cet élément, la classification des vases dits de Locres serrera la réalité de plus près.

Nous avons appuyé avec insistance sur les preuves qui devaient conduire à ces conclusions. C'était pour répondre aux objections très sérieuses, quoique, à notre avis, non fondées, que nous ont attirées de plusieurs côtés les opinions énoncées dans un précédent article. Il nous faut en revanche résister un peu au jugement de certains lecteurs trop bienveillants qui veulent voir dans nos remarques sur le décor quelque chose comme une petite « révolution ». Évidemment, le trouble ne serait pas petit, si la classification des vases grecs avait eu pour seule base la couleur du décor; mais les choses ne se sont jamais passées ainsi : pour classer les vases par époques et par fabriques, on tient compte à la fois d'une foule d'éléments. M. Furtwaengler, par exemple, ce savant si perspicace, si bien au courant des règles de la méthode scientifique, voulant tracer la large esquisse d'une classification des lécythes, a utilisé les renseignements fournis par les stèles funéraires, par les inscriptions, par les classes voisines de vases, par la technique, par le style, etc. Malgré l'importance qu'il semble donner à la couleur du trait, les grandes lignes de sa classification resteront les mêmes. Son édifice a été construit sur des fondements assez solides pour que l'on puisse sans danger en ôter ou y ajouter quelques pierres. M. Furtwaengler pourrait, mieux que personne, faire lui-même ces petits changements.

Quant à nous, jusqu'à nouvel ordre, notre seule tâche doit être d'étudier toutes les classes de vases dans lesquelles le décor a ensuite subi des altérations. Les conséquences des faits observés viendront se présenter d'elles-mêmes.

E. Durand-Gréville.

Angers, imprimerie Burdin et Cie

ERNEST LEROUX, ÉDITEUR

28, RUE BONAPARTE, 28

TIMGAD

UNE CITÉ AFRICAINE SOUS L'EMPIRE ROMAIN

PAR

E. BŒSWILLWALD — Inspecteur général des Monuments historiques.

R. CAGNAT — Professeur au Collège de France.

Ouvrage publié par les soins de la Commission de l'Afrique du Nord, d'après les documents, plans et dessins de la Commission des Monuments historiques.

Première livraison, accompagnée de planches en héliogravure et en phototypie, et de dessins dans le texte. 10 francs.

L'ouvrage formera 10 à 12 livraisons, 10 au minimum. On souscrit à l'ouvrage complet au prix de 100 francs.

L'ARMÉE ROMAINE D'AFRIQUE

ET L'OCCUPATION MILITAIRE DE L'AFRIQUE SOUS LES EMPEREURS

Par M. RENÉ CAGNAT

Professeur au Collège de France.

Un beau volume in-4, avec nombreux clichés, planches en héliogravure, cartes. Prix 40 francs.

UNE NÉCROPOLE ROYALE A SIDON

FOUILLES DE HAMDY-BEY

PUBLIÉES PAR

HAMDY-BEY — Directeur du Musée impérial à Constantinople

THÉODORE REINACH — Docteur ès lettres, Directeur de la Revue des Études grecques

Un superbe volume in-folio, qui comprendra environ 250 pages de texte, 50 planches grand aigle en héliogravure ou en chromolithographie, un grand plan, et des dessins dans le texte. Prix pour l'ouvrage complet (en 4 livraisons). 200 fr.

L'ouvrage est publié en 4 livraisons.

Première livraison. Texte illustré. Feuilles 1 à 6 et feuille de titre.

Planches : I. Plan de Saïda. — II. Nécropole d'Ayaa. — III. Hypogée A. Plan et coupe. — IV. Sarcophage des pleureuses. Plans et coupe. — V. Détails d'architecture. Planches en lithographie en noir et en couleurs. — VII-VIII. Sarcophage des pleureuses, face est et face ouest. Planches en héliogravure. — XI. Sarcophage des pleureuses, couvercle. Chromolithographie. — XII-XIII. Sarcophage Lycien. Plan et coupe. Détails d'architecture. Planches en lithographie. — XIV-XV. Sarcophage Lycien. Vue d'ensemble. Planches en héliogravure. — XVI. Sarcophage Lycien. Face ouest, face est. — XVIII-XIX. Sarcophage du Satrape. Plan et détail d'architecture. Planches en lithographie. — XXI. Sarcophage du Satrape. Face sud et face nord. Planches en héliogravure.

ANGERS, IMP. A. BURDIN ET Cie, 4, RUE GARNIER.

www.ingramcontent.com/pod-product-compliance
Lightning Source LLC
LaVergne TN
LVHW052019160826
845678LV00003B/1118

* 9 7 8 2 3 2 9 6 3 5 4 7 7 *